AF461509

Michelot de Bordeaux 1881. Février 7

CATALOGUE

DE

GRANDS OUVRAGES

SUR LES BEAUX-ARTS
LES BELLES-LETTRES ET L'HISTOIRE

COMPOSANT LA BIBLIOTHÈQUE

DE FEU M. MICHELOT (DE BORDEAUX)

PREMIÈRE PARTIE

LA VENTE AURA LIEU

Les Lundi 7 et Mardi 8 Février 1881
à 2 heures précises.

Hôtel des Commissaires-Priseurs, rue Drouot
Salle n° 3

Par le ministère de Me Maurice DELESTRE, commissaire-priseur
Successeur de Me Delbergue-Cormont
Rue Drouot, 27

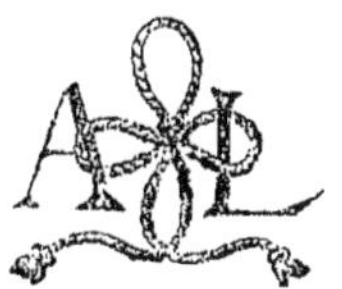

PARIS
ADOLPHE LABITTE
LIBRAIRE DE LA BIBLIOTHÈQUE NATIONALE
4, Rue de Lille, 4

1881

SECONDE PARTIE.

ANNALES TYPOGRAPHIQUES DES ELZEVIER.

TROISIÈME PARTIE.

ANNEXES DE LA COLLECTION ELZEVIRIENNE.

L'OUVRAGE EST DÉDIÉ A M. L. POTIER, ANCIEN LIBRAIRE

Paris. — Typ. G. Chamerot, 19, rue des Saints-Pères. — 10352.

CATALOGUE

DE

GRANDS OUVRAGES

SUR LES BEAUX-ARTS
LES BELLES-LETTRES ET L'HISTOIRE

COMPOSANT LA BIBLIOTHÈQUE

DE FEU M. E. MICHELOT (DE BORDEAUX)

PREMIÈRE PARTIE

ORDRE DES VACATIONS

Première Vacation. — Lundi 7 février 1881.

BEAUX-ARTS, SCIENCES. . . . . 1 à 83

Deuxième vacation. — Mardi 8 février 1881.

BELLES-LETTRES, HISTOIRE, BIOGRAPHIE, BIBLIOGRAPHIE. 84 à 200

CONDITIONS DE LA VENTE

La vente est faite au comptant.

Les acquéreurs paieront cinq pour cent, en sus des enchères, applicables aux frais.

Il y aura exposition, chaque jour de vente, de 1 à 2 heures.

Les livres devront être collationnés sur place, et dans les vingt-quatre heures de l'adjudication. Passé ce délai, ou une fois sortis de la salle de vente, ils ne seront repris pour aucune cause.

M. ADOLPHE LABITTE, chargé de la vente, remplira les commissions des personnes qui ne pourraient y assister.

Paris. — Typ. G. Chamerot, 19, rue des Saints-Pères. — 10352

CATALOGUE

DE

GRANDS OUVRAGES

SUR LES BEAUX-ARTS
LES BELLES-LETTRES ET L'HISTOIRE

COMPOSANT LA BIBLIOTHÈQUE

DE FEU M. MICHELOT (DE BORDEAUX)

PREMIÈRE PARTIE

LA VENTE AURA LIEU

Les Lundi 7 et Mardi 8 Février 1881
à 2 heures précises.

Hôtel des Commissaires-Priseurs, rue Drouot
Salle n° 3

Par le ministère de Me Maurice DELESTRE, commissaire-priseur
Successeur de Me Delbergue-Cormont
Rue Drouot, 27

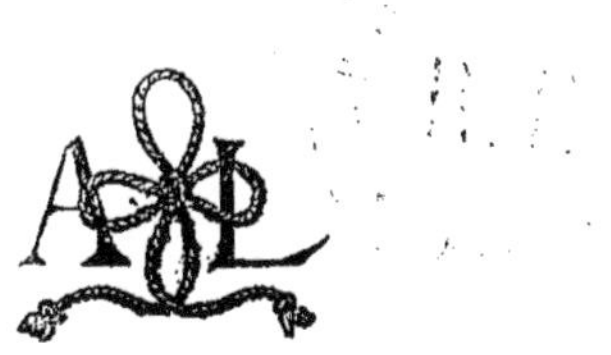

PARIS
ADOLPHE LABITTE
LIBRAIRE DE LA BIBLIOTHÈQUE NATIONALE
4, Rue de Lille, 4

1881

La publication du catalogue de la bibliothèque de M. Émile Michelot, de Bordeaux, nous fournit l'occasion (et nous la saisissons avec empressement) de dire quelques mots relatifs au fervent bibliophile qui l'avait formée.

Né aux Sables-d'Olonne en 1829, M. Michelot vint, jeune encore, s'établir à Bordeaux et se livrer aux opérations commerciales. Son activité infatigable, son intelligente loyauté, lui assurèrent bientôt une position importante; depuis quelques années, il était à la tête d'un établissement industriel de premier ordre.

Tout en consacrant à de vastes affaires le temps qu'elles réclamaient, M. Michelot conservait le goût le plus prononcé pour les beaux livres; nul volume curieux à un titre quelconque n'échappait à ses sympathies, mais un goût spécial le portait vers ces ouvrages qui resteront toujours un témoignage gracieux de ce que l'art a produit de plus charmant au XVIIIe siècle; il professait un culte véritable pour Eisen, pour Gravelot, pour Marillier, pour Fragonard, pour Moreau.

La mort, toujours inexorable, est venue interrompre

une carrière si bien remplie de commerçant et de bibliophile; elle a, au mois de décembre dernier, enlevé M. Michelot à une famille qui le chérissait, à de bien nombreux amis qui savaient l'apprécier.

Telle que nous l'avons trouvée, cette bibliothèque n'est point ce qu'elle devait devenir, d'après les intentions de son propriétaire, mais nous n'hésitons pas à la signaler comme fort remarquable à tous égards.

Les grandes ventes publiques faites à Paris et suivies avec une attention vigilante, l'examen des catalogues à prix marqués devenus si nombreux, une correspondance active avaient offert à M. Michelot d'heureuses occasions qu'il avait saisies avec un empressement éclairé; on trouvera chez lui des volumes provenant de collections avantageusement connues : des livres aux armes; d'autres que recommandent d'anciennes et belles reliures, d'autres enfin habillés par les mains habiles de quelques artistes contemporains.

Parmi les deux cents articles qui figurent dans ce catalogue, il n'en est aucun, nous le croyons du moins, qui ne mérite l'attention des amateurs. Nous signalerons principalement : la Gazette des Beaux-Arts, complète. — Le Moyen-Age et la Renaissance. — L'Art au XVIIIe siècle, par de Goncourt. — La Collection Sauvageot, 3 vol. in-fol. — Galerie du Palais-Royal, 3 vol. in-fol. — Galeries historiques de Versailles, 13 vol. in-fol. — Galerie royale de Dresde, 2 vol. in-fol. *ancien tirage*. — Cabinet Crozat, 2 vol. in-fol. — Cabinet Choiseul. — Cabinet Poullain. — Galerie de Florence, 4 vol. in-fol. — Dictionnaires de l'architecture et du mobilier, par Viollet-le-Duc. — Hôtels et maisons de France, par Sauvageot, 4 vol. in-fol. — Ornementations de Bérain, 69 *pièces anciennes.* — Dictionnaire des graveurs. — Le Peintre-graveur français. — Les Hommes illustres de Perrault. — L'Œuvre originale de Vivant Denon. — Suite d'ouvrages de Goya. — La Caricature. — Journaux de mode. — Les Arts somptuaires, 4 vol. in-4. — Monographie de Bernard Palissy. — Pluvinel, 1627 et 1628. — Évolutions de la cavalerie. — Exercice de l'Infanterie française. — Les Métamorphoses d'Ovide, figures d'Eisen, 4 vol. in-4, maroquin r. *anc. rel.* — Les Œuvres du capitaine Lasphrise, 1597. — Contes de la Fontaine, 1685. — Le même ouvrage, 1762, 2 vol. in-8. — Le même ouvrage, 1795, 2 vol. in-4, figures de Fragonard, *dont 10 avant la lettre.* — Les Baisers, de Dorat. *Exemplaire Firmin-Didot.* — Le Livre d'amour, de Sainte-Beuve. — Les Fables de la Fontaine, avec les figures d'Oudry, 4 vol. in-fol. — Les Fables, de Dorat, non rognées. — Choix de Chansons, de La Borde, 4 vol. in-8, figures de Moreau. — Chants et Chansons populaires. — Théâtre de Corneille, 12 vol. in-8, maroquin, *ancienne reliure, figures de Gravelot.* — Molière de Bret, 6 vol. in-8, maroquin, *ancienne reliure.* — Regnard, 6 vol. in-8, maroq. *ancienne reliure.* — Heptaméron français, 3 vol. in-8, maroquin, *anc. rel.* — Œuvres de Rabelais, 3 vol. in-4. — Le Temple de Gnide. — Les Romans de Voltaire, 3 vol. in-8, figures, non rognés. — Histoire de Manon Lescaut, 1753, 2 vol. in-12, papier de Hollande, maroquin. — Les Contemporaines, par Restif de la Bretonne. — Primerose, figures avant la lettre. — Les Jeunes-France, par Th. Gautier. *Édition originale.* — Les Œuvres de Mme de Montesson. — Œuvres de Gessner, 4 vol. in-8, papier vélin, maroquin. — Voltaire, Kehl, 72 vol. *relié par Bradel-Derome.* —

Voltaire, Beuchot, 70 vol. in-8, figures de Moreau (*Bauzonnet-Trautz*). — Voyage pittoresque de Saint-Non, 5 vol. in-fol. — L'Europe illustre, 6 vol. 1er *tirage*. — Histoire de la Maison de Bourbon, 5 vol. in-4. — Sacre de Louis XV (*reliure de Pasdeloup*). — Sacre de Louis XVI. — Révolution de France et de Brabant. — Le Charivari. — La Revue rétrospective, 20 vol. in-8. — Le Palais-Mazarin — Les Promenades de Paris. — La Touraine. — Biographie universelle, 48 vol. gr. in-8. — Nouvelle Biographie universelle, 46 vol. in-8. — Bulletin du Bibliophile. — Brunet. Manuel du Libraire. *Dernière édition*, etc.

Une autre vente suivra dans laquelle figureront bon nombre de livres en tous genres recommandables à bien des titres et dont nous parlerons en tête de cette seconde partie.

CATALOGUE

DE

GRANDS OUVRAGES

SUR LES BEAUX-ARTS
LES BELLES-LETTRES ET L'HISTOIRE

COMPOSANT LA BIBLIOTHÈQUE

DE FEU M. MICHELOT (DE BORDEAUX)

PREMIÈRE PARTIE

BEAUX-ARTS

I. GÉNÉRALITÉS.

1. Gazette des Beaux-Arts, courrier européen de l'art et de la curiosité. *Paris*, 1859 à 1879, 21 années formant 20 vol. gr. in-8, demi-cart. percal. viol. tr. sup. dor. n. rog. (1859 à 1868) et 1869 à 1879, en vol. br. et livr. — Tables alphabétique et analytique, par P. Chéron (1859 à 1868). *Paris*, 1867-1871. 2 vol. gr. in-8, br.

Nombreuses vignettes et planches gravées à l'eau-forte, etc.

2. Le Moyen Age et la Renaissance. Histoire et description des mœurs et usages, du commerce et de l'industrie, des sciences, des arts, des littératures et des beaux-arts en Europe ; direction littéraire de M. P. Lacroix, direction artistique de M. Ferd. Séré, dessins fac-simile par M. A. Rivaud. *Paris*, 1848-1851, 5 vol. gr. in-4, fig. n. et en chromolith. mar. r. jans. dent. int. dor. en tête. éb.

Bel exemplaire.

3. Monuments des Arts du dessin chez les peuples tant anciens que modernes, recueillis par le baron Vivant Denon, pour servir à l'histoire des arts, lithographiés par ses soins et sous ses yeux, décrits et expliqués par Amaury Duval. *Paris* (*imprimerie de Firmin-Didot et chez Brunet-Denon*), 1829. 4 vol. in-fol. pap. vél. avec 315 pl. demi-rel. bas. r.

Ouvrage curieux et intéressant tiré à petit nombre ; le premier volume est spécialement consacré à l'histoire des arts du dessin chez les différents peuples du monde ; les trois autres se rapportent à l'histoire de la peinture en Europe, depuis l'époque de la Renaissance des arts.

4. Vies des peintres, sculpteurs et architectes, par Giorgio Vasari, traduites par Léopold Leclanché et commentées par Jeanron et Léop. Leclanché, 12 portr. dessinés par Jeanron. *Paris*, *Just Tessier*, 1841-42. 10 vol. gr. in-8, port. demi-rel. v. f. tr. jasp.

5. L'Art au xviiie siècle, par Edm. et J. de Goncourt. *Paris*, *E. Dentu*, 1860-1875 (*Lyon, impr. de Louis Perrin*), 11 fascicules réunis en 1 vol. in-4, portr. et fig. gravées à l'eau-forte, demi-rel. avec coins maroq. rouge, dos orné, fil. dor. en tête, n. rog.

Watteau. — Chardin. — Boucher. — La Tour. — Greuze. — Les Saint-Aubin. — Les Vignettistes. — Gravelot. — Cochin. — Eisen. — Moreau. — Debucourt. — Fragonard. — Prudhon. — Notules. — Additions. — Errata.

Cette collection a été tirée à un nombre très-restreint.

Très-bel exemplaire ; on y a ajouté les portraits des deux auteurs, publiés par Viguères.

6. Musée impérial du Louvre. Collection Sauvageot, dessinée et gravée à l'eau-forte par Édouard Lièvre, accompagnée d'un texte historique et descriptif par A. Sauzay. *Paris, Noblet et Baudry*, 1863, 3 vol. in-fol. contenant 120 pl. grav. sur chine, cart.

7. Musée national du Louvre. — Galerie d'Apollon. — Le Trésor artistique de la France, publié sous la direction de M. P. Dalloz, directeur du Moniteur universel avec la collaboration pour le texte de MM. P. de Saint-Victor, Maxime Du Camp, Georges Berger, G. Lafenestre, Garnier, Falize, Louvrier de Lajolais, Paul Mantz, etc. *Paris, impr. du Moniteur universel, s. d.* 12 livr. in-fol. cart. pl. photochromiques.

Livraisons I à XII.

II. PEINTURE.

8. Galerie des peintres les plus célèbres de toutes les époques. Recueil des plus belles compositions tirées des saintes Écritures, de l'histoire ancienne, et autres sujets, 1300 gravures au trait, accompagnées de notices sur chaque peintre. *Paris, Firmin-Didot fr.*, 1844-1846. 12 vol. in-4, fig. demi-rel. chagr. r. dos orné éb.

Raphaël, 4 vol. — Michel-Ange, Baccio, Bandinelli et Daniel de Volterre, 1 vol. — Corrège, 1 vol. — E. Lesueur, Jouvenel, 1 vol. — A. Poussin, 2 vol. — Le Dominiquain, 1 vol. — L. Albane, Léonard de Vinci, le Titien, le Guide et Paul Véronèse, 1 vol. — Les Peintres de l'antiquité, 1 vol.

9. Annales du musée et de l'École moderne des Beaux-Arts, recueil de gravures au trait, d'après les principaux ouvrages de peinture, sculpture, etc., rédigé par le cit. Landon. *A Paris, de l'imprimerie de Didot jeune, an IX*, 1800 à 1807, 17 vol. — Galerie Massias, 1830, 1 vol. —

Paysages et tableaux de genre. *Paris*, 1805-1808, 4 vol. — Annales du Musée, seconde collection, partie ancienne. *Paris*, 1810-1815, 5 vol. in-8. — Salon de 1808, 2 vol.; — de 1810, 1 vol.; — 1812, 2 vol.; — 1814, 1 vol.; — 1817, 1 vol. — 1819, 2 tomes en 1 vol. — 1822, 2 tomes en 1 vol. — 1824, 2 tomes en 1 vol., — 1831, 1833 et 1835, en 3 vol.; — ens. 43 tomes en 40 vol. in-8, nombr. grav. au trait, demi-rel. bas.

10. Galerie du Palais-Royal, gravée d'après les tableaux des différentes écoles qui la composent, avec un abrégé de la Vie des Peintres et une description historique de chaque tableau, par M. l'abbé de Fontenai, dédiée à S. A. S. Mgr le duc d'Orléans, par J. Couché. *A Paris, chez J. Couché et J. Bouilliard, graveurs*, 1786-1808, 3 vol. gr. in-fol. demi-rel. bas. r. plats papier, n. rog.

Bonnes épreuves des gravures.

11. La Galerie du palais du Luxembourg, peinte par Rubens, dessinée par le S. Nattier et gravée par les plus célèbres graveurs du temps, dédiée au roy. *A Paris, chez le sieur Duchange, graveur du roy*, 1710. In-fol. planches gravées, mar. rouge, dos orné, comp. dorés sur les plats, tr. dor. (*Reliure hollandaise.*)

Bel exemplaire contenant 25 pièces y compris le frontispice et les 3 portraits.
Épreuves avant les chiffres.

12. Les Peintures de Charles Le Brun et d'Eustache Le Sueur, qui sont dans l'hôtel du Chastelet, ci-devant la maison du président Lambert, dessinées par Bernard Picart et gravées tant par lui que par différens graveurs. *A Paris, chez Duchange, graveur du roy*, 1740, in-fol. pap. de Hollande, avec les deux suites de pl. demi-rel. bas. n. rog.

Belles épreuves ; toutes marges.

13. GALERIES HISTORIQUES DE VERSAILLES (publiées par ordre du roi, sous la direction de MM. Gavard, Calamatta et Mercuri pour les gravures), dédiées à S. M. la reine des Français, par Ch. Gavard. *Paris,* 1838 et années suivantes. 13 vol. gr. in-fol. demi-rel. maroquin bleu, non rogné.

ÉDITION DE LUXE (PAPIER VÉLIN DEMI-COLOMBIER) avec les planches sur PAPIER DE CHINE et le texte orné de vignettes, culs-de-lampe et ornements gravés sur bois. On y a joint : Galeries historiques de Versailles, Histoire de France servant de texte explicatif aux peintures et sculptures qu'elles renferment, par J. Janin. *Paris, Gavard,* 1838, 4 vol. in-4 (même reliure).

14. La Grande Galerie de Versailles et les deux salons qui l'accompagnent, peints par Ch. Le Brun, premier peintre de Louis XIV, dessinés par J.-B. Massé et gravés sous ses yeux par les meilleurs maîtres du temps. *A Paris, de l'Imprimerie royale,* 1752, in-fol. maximo, pl. grav. cuir de Russie, large dent. or et à froid sur les plats, tr. dor.

Bel exemplaire sur papier de Hollande et orné d'un portrait de J.-B. Massé gravé par Wille, et 52 grandes planches pliées, gravées par Dupuis, Desplaces, Preisler, Beauvais, Cars, Simonneau, Lépicié, Tardieu, Duflos, Wille, Aveline, etc.

15. GALERIE ROYALE DE DRESDE. — RECUEIL D'ESTAMPES, d'après les plus célèbres tableaux de la Galerie royale de Dresde avec une description en françois et en italien. *Dresde (imprimé chez Chrestien Henri Hagenmüller.)* 1753-57, 2 parties en 1 vol. in-fol. maximo, 101 pièces. demi-rel. avec coins bas. n. rog.

TRÈS-BEL EXEMPLAIRE DE PREMIER TIRAGE, contenant les portraits d'AUGUSTE III, ROI DE POLOGNE, gravé par J.-J. Balachou, d'après Hyac. Rigaud (*pièce rare*), et celui de MARIE-JOSÈPHE, REINE DE POLOGNE, gravé par J. Daullé, d'après L. de Silvestre.

16. Recueil d'estampes gravées d'aprez les tableaux de la Galerie et du cabinet de S. E. M. le comte de Bruhl, premier ministre de S. M. le roi de Pologne. *A Dresde, chez George Conrad Wal-*

ther, 1754, in-fol. max. 50 pl. grav. par Fillœul, Boèce, F. Basan, Moitte, Ant. Tischler, Zucchi, etc., demi-rel. bas.

Il n'a paru que la première partie de cette suite, de laquelle, dit-on, il n'a été tiré que 200 épreuves.

17. Recueil d'estampes d'après les plus beaux tableaux, etc., qui sont en France dans le cabinet du roi, etc. (connu sous le nom de cabinet de Crozat), avec un abrégé de la vie des peintres et une description historique de chaque tableau, par P.-J. Mariette). *A Paris, chez Basan, graveur*, 1763, 2 vol. in-fol. maximo, pl. grav. v. antiq. marbr. fil.

Seconde édition.

18. Recueil d'estampes gravées d'après les tableaux du cabinet de Mr. le duc de Choiseul, par les soins du sieur Basan. *A Paris, chez l'auteur*, 1771, in-4, figures demi-rel. maroquin rouge jans. supér. dor. éb.

Titre, portrait du duc de Choiseul et 128 planches gravées y compris les planches 68, 69, 76, 78 et 101, qui sont doubles. La planche 38 est placée après la planche 57.
Très-bel exemplaire.

19. Tableaux du cabinet de M. Poullain, mis au jour par François Basan. Collection de 120 estampes. *Paris*, 1781, in-4, fig. gr. demi-rel. avec coins mar. bl. dos orné, tr. dor.

20. Tableaux, statues, bas-reliefs et camées de la galerie de Florence et du palais Pitti, dessinés par Wicar, peintre, et gravés sous la direction de C.-L. Masquelier, avec les explications par Mongez. *Paris, chez Lacombe, peintre de l'ouvrage*, 1789-1814, 4 vol. gr. in-fol. fig. demi-rel. v. bleu, ébarb.

Planches sur chine.

21. Galerie des Peintres flamands, hollandais

ET ALLEMANDS, ouvrage enrichi de deux cent une planches gravées d'après les meilleurs tableaux de ces maîtres avec un texte explicatif et une table alphabétique des noms des maîtres, etc., par M. Lebrun, peintre. *Paris*, 1792. 3 tomes en 2 vol. in-fol. pl. gr. demi-rel. avec coins v. viol. plats toile.

Très-bonnes épreuves.

III. ARCHITECTURE.

22. MONUMENTS ANCIENS ET MODERNES, collection formant une Histoire de l'Architecture des différents peuples à toutes les époques, publiée par Jules Gailhabaud. *Paris*, *Firm.-Didot fr.*, 1855, 4 vol. gr. in-4, nombr. pl. gr. demi-rel. mar. bleu, tr. jasp.

23. L'Architecture du ve au XVIIe siècle et les Arts qui en dépendent, publiés d'après les travaux inédits des principaux architectes français et étrangers, par J. Gailhabaud. *Paris*, *Gide*, 1858. 4 vol. in-4, nombr. pl. gr. montées sur onglets, demi-rel. chagr. vert, non rog.

24. DICTIONNAIRE RAISONNÉ DE L'ARCHITECTURE FRANÇAISE du XIe au XVIe siècle, par M. Viollet-le-Duc, architecte du gouvernement. *Paris*, *B. Bance et A. Morel*, 1854-1868. 10 vol. in-8, nombr. vign. sur bois intercalées dans le texte, demi-rel. mar. noir, tr. jasp.

25. DICTIONNAIRE RAISONNÉ du Mobilier français de l'époque carlovingienne à la Renaissance, par M. Viollet-le-Duc, architecte. *Paris*, *Ve A. Morel*, 1871-1875. 6 vol. in-8, nombr. vign. sur bois et grav. hors texte cart. non rogn.

Le tome 1er est de 1858, il est en demi-rel. v. f. tête jasp. non rogn.

26. Les plus Excellents Bastiments de France, par J.-A. Du Cerceau, sous la direction de M. H. Destailleur, gravées en fac-similé par M. Faure Dujarric, nouvelle édition, augmentée de planches inédites de Du Cerceau. *Paris, A. Lévy*, 1868. 2 vol. in-fol. pl. gr. demi-rel. mar. rouge, doré en tête, éb.

27. Palais, Chateaux, Hotels et Maisons de France du xve au xviiie siècle, par Claude Sauvageot. *Paris, Ve A. Morel*, 1867. 4 vol. in-fol. nombr. pl. gr. demi-rel. mar. rouge, dor. en tête, non rog.

28. Monographie du Palais de Fontainebleau, dessinée et gravée par M. Rodolphe Pfnor, accompagnée d'un texte historique et descriptif par M. Champollion-Figeac. *Paris, A. Morel*, 1863, 2 vol. gr. in-fol. ouvrage en feuilles dans 2 cartons.

29. Le Palais de Fontainebleau, ses origines, son histoire artistique et politique, son état actuel, publié d'après les ordres de l'Empereur, par M. J.-J. Champollion-Figeac. *Paris, Imprimerie impériale*, 1866. 2 vol. gr. in-fol. br. dont un de 32 planches.

30. L'Ornement polychrome, cent planches en couleurs or et argent, contenant environ 2,000 motifs de tous les styles: Art ancien et asiatique, Moyen Age, Renaissance, xviie et xviiie siècle. Recueil historique et pratique publié sous la direction de M. A. Racinet, avec des notes explicatives et une introduction générale. *Paris, Firm.-Didot fr., s. d.* In-fol. papier vél. planches cart. non rogn.

31. BERAIN. Collection de 69 pièces d'ornementation, grandes arabesques, cheminées. Gr. in-fol. v. antiq. marbr. fil.

Superbes épreuves a toutes marges, anciens tirages.
La première planche est seule doublée et remontée.

32. L'Art architectural, décoratif, industriel et somptuaire de l'époque Louis XVI. Recueil de 300 planches inédites, photo-lithographiées d'après les estampes originales tirées du cabinet de la Bibliothèque royale de Belgique et de la collection de l'auteur, avec texte historique, descriptif et critique. Suivi de notices biographiques des architectes décorateurs et artistes industriels de la seconde moitié du XVIIIe siècle, par Auguste Schoy. *Paris, Liège et Berlin,* 1868, 2 vol. in fol. en 6 livraisons cart.

33. Habitations modernes, recueillies par E. Viollet-le-Duc, avec le concours des membres du comité de rédaction de l'Encyclopédie d'architecture et la collaboration de Félix Marjoux, architecte. *Paris, Ve A. Morel,* 1875. 2 vol. gr. in-fol. 200 planches gravées, cart.

IV. GRAVURE.

34. Dictionnaire des Graveurs anciens et modernes, depuis l'origine de la gravure, par F. Basan, graveur, seconde édition, mise en ordre alphabétique, considérablement augmentée et ornée de cinquante estampes par différents artistes célèbres, etc. *A Paris, l'auteur, et chez Cuchet et Prault,* 1789, 2 tomes en 1 vol. in-8, fig. v. gran. dent. tr. marbr.

Exemplaire avec la gravure du conte : le Rossignol (tome II, p. 89) qui manque très-souvent.

35. Le Peintre graveur français, ou Catalogue raisonné des Estampes gravées par les peintres et les dessinateurs de l'École française, par A.-P.-F. Robert Dumesnil. *Paris, Gabr. Warée,* 1835-1868. 10 tomes en 5 vol. in-8, demi-rel. v. tête jasp. non rogn.

Ouvrage faisant suite au Peintre graveur de Bartsch. Les tomes IX et X ont été publiés par M. G. Duplessis.

36. Le Peintre graveur français continué, ou Catalogue raisonné des Estampes gravées par les peintres et dessinateurs de l'École française, nés dans le XVIIIe siècle. Ouvrage faisant suite au Peintre graveur français de M. Robert Dumesnil, par Prosper de Baudicour. *Paris, chez madame Bouchard-Huzard*, 1859, 2 tomes en 1 vol. in-8, papier vergé, demi-rel. bas. fauv. tête jasp. non rogn.

37. Le Peintre graveur français, par A.-P.-J.-Robert Dumesnil. *Paris, Bouchard-Huzard, Rapilly*, etc., 1871. In-8, br.

Tome XIe. Supplément aux dix volumes du Peintre-Graveur français.

38. Le Peintre graveur par J.-D. Passavant. Contenant l'Histoire de la Gravure sur bois, sur métal et au burin, jusque vers la fin du XVIe siècle ; l'Histoire descriptive du nielle, avec complément de la partie de l'essai sur les Nielles de Duchesne aîné et un Catalogue supplémentaire aux Estampes du XVe et XVIe siècle du Peintre graveur d'Adam Bartsch. *Leipsic, Rudolph Weigel*, 1860-64. 6 vol. gr. in-8, portrait de l'auteur, br.

39. Le Peintre graveur, hollandais et belge du XIXe siècle, par T. Hippert et J. Linnig. *Bruxelles, chez Fr.-J. Olivier*, 1874-79. 3 vol. gr. in-8, br.

Ouvrage complet.

40. Le Peintre graveur, par Adam Bartsch. *Leipzig, Joh.-Ambr. Barth*, 1876. 21 vol. pet. in-8, gravures et monogrammes, br. et les planches in-fol.

41. Histoire de la Gravure en manière noire, par Léon de Laborde. *Paris, impr. de Jules Didot*, 1839. Gr. in-8, fig. demi-rel. mar. rouge, tête jasp. non rog.

Cet ouvrage est rempli de détails curieux ; il était destiné à former le 5e tome d'une Histoire de la découverte de l'Impression et de son application à la gravure, aux caractères mobiles et à la lithographie (c'est le faux titre).

Il n'a été tiré qu'à très-petit nombre et il est devenu rare.

42. L'OEuvre de Rembrandt, reproduit par la photographie, décrit et commenté par M. Charles Blanc. *Paris, Gide et J. Baudry*, 1853. In-fol. pl. demi-rel. chagr. noir, plats papier, non rog.

Collection de cent gravures de ce maître, choisies parmi les plus belles et les plus rares et accompagnées d'un texte explicatif.

43. Iconologie par figures, ou Traité complet des Allégories, Emblèmes, etc., par MM. Gravelot et Cochin. *A Paris, chez Le Pan*, 4 vol. in-8, papier de Hollande, titre et figures grav. v. rac. dent. tr. dor.

Bel exemplaire.

44. Les Hommes illustres qui ont paru en France pendant ce siècle avec leurs portraits au naturel, par M. Perrault, de l'Académie françoise. *A Paris, chez Ant. Dezallier*, 1696-1700. 2 vol. in-fol. portr. v. ant. marbr.

Exemplaire aux armes de Louis-Joachim Potier, duc de Gesvres, pair de France.

45. Portraits des personnages célèbres de la Révolution, par François Bonneville, avec tableau historique et notices de P. Quenard, l'un des représentants de la Commune de Paris en 1789 et 1790. *A Paris, chez l'auteur*, 1796-1797. 3 vol. in-4, portr. demi-rel. avec coins, mar. rouge, dos orné, fil. tr. supér. dor. non rog.

46. L'OEuvre originale de Vivant Denon, ancien Directeur général des Musées. Collection de 317 eaux-fortes, dessinées et gravées par ce célèbre artiste, etc., avec une notice très-détaillée sur sa vie intime, ses relations et son œuvre, par M. Alb. de la Fizelière. *Paris, A. Barraud*, 1873, 2 vol. gr. in-4, pl. grav. cart. non rog.

Exemplaire de souscription.

Premières épreuves, avant le numérotage des planches.

47. Explication des cent Estampes, qui représentent différentes nations du Levant, avec de nouvelles Estampes de cérémonies turques, qui ont aussi leurs explications. *A Paris, de l'imprimerie de Jacq. Collombat*, 1715. In-fol. mar. rouge, dos orné, dent. sur les plats, tr. dor. (*Reliure ancienne fatiguée.*)

Recueil de 100 estampes tirées sur les tableaux peints d'après nature en 1707 et 1708, par les ordres de M. de Ferréol, ambassadeur, et gravées par Scotin, Haussard, Simonneau, etc.

Premier tirage sur papier fort. La reliure porte des armes sur les plats.

48. Suite des seize estampes représentant les conquêtes de l'Empereur de la Chine avec leur explication. *S. l. n. d.* (*A Paris, chez l'auteur, graveur de Mgr le Duc de Chartres, et chez M. Ponce, graveur de Mgr le Duc d'Artois*), 1774. In-fol. pl. grav. v. éc. fil. à comp.

L'Empereur de la Chine, Kien-Long, donna un décret daté du 13 juillet 1765, par lequel il ordonna qu'il serait envoyé en France 16 dessins des victoires qu'il avait remportées dans le royaume de Chanagar et dans les pays mahométans voisins, pour être gravés par les plus célèbres artistes. La direction générale de ces gravures fut confiée à M. Cochin, qui employa à leur exécution 8 graveurs des plus connus en ce genre (Hehman, Lebas, Masquelier, Aliamet, Saint-Aubin, Née, Prévost, Choffard).

Cet ouvrage ne fut entièrement terminé qu'en 1774, et les planches avec cent exemplaires qu'on en tira furent envoyés à la Chine; il n'en fut réservé qu'un très-petit nombre pour la famille royale et la Bibliothèque du Roi, ce qui a rendu cette suite de la plus grande rareté.

49. The original and genuine Works of Will. Hogarth. *London, published by Boydell* (1790). In-fol. maximo, planches grav. demi-rel. avec coins, cuir de Russie, tr. marbr.

Recueil composé de 185 planches y compris 2 portraits, avec une table au commencement.

50. The Works of James Gillray from the original plates with addition of many subject not before collected. *London, for Henry G. Bohn, by Ch. Whiting* (*s. d.*). In-fol. contenant 582 planches numérotées de divers formats, accompagné d'un autre vol. in-fol. composé de 45 planches de sujets des mœurs. Ens. 2 vol. gr. in-fol. mar.

demi-rel. maroq. rouge, dos orné, fil. tr. dor. (*Reliure anglaise.*)

On joint comme complément de cet ouvrage : Historical and descriptive Account of the caricatures of James Gillray, by Th. Wright and R. H. Evans. *London, H. Bohn*, 1851. In-8 (*même reliure*).

51. Étude sur Francisco Goya, sa vie et ses travaux, notice biographique et artistique, accompagnée de photographies d'après la composition de ce maître, par M. G. Brunet. *Paris, Aubry*, 1865. In-4, papier vél. portrait et planche en photographie, demi-rel. avec coins, mar. rouge, dos orné, fil. tr. supér. dor. non rogn.

52. Goya, par Charles Yriarte. Sa biographie, les fresques, les toiles, les tapisseries, les eaux-fortes et le catalogue de l'œuvre avec cinquante planches, d'après les copies de Tabar, Bocourt et Ch. Yriarte. *Paris, Plon,* 1867. In-4, papier vél. vignettes et gravures hors texte, demi-rel. mar. rouge, dos orné, fil. tr. supér. dor. non rogn.

53. Tauromaquia. 33 estampes représentant différentes manières et feintes de l'Art de combattre les Taureaux, inventées et gravées à l'eau-forte à Madrid, par Don Francisco de Goya y Lucientes. *S. l. n. d.* Recueil de 33 planches, reliées en 1 vol. in-4, demi-rel. chagr. rouge.

Dans cette suite d'estampes, Goya s'est plu à reproduire les actions extraordinaires des combattants les plus célèbres depuis le Cid, le Maure Gazul et Charles-Quint, qui furent aussi d'intrépides *toreros*, jusqu'à la mort de Pepe Illo, arrivée en 1801. (*Cabinet de l'amateur.*)

54. Les Caprices de Goya. Réunion de 80 planches gravées à l'eau-forte en 1 vol. in-4, cart. (*Table manuscrite ajoutée.*)

55. Los Desastres de la Guerra. Coleccion de ochenta laminas inventadas y grabadas al agua fuerte por Don Francisco Goya, publicala la R[l] Academia de Nobles Artes de San Fernando. *Madrid,* 1863. In-4, obl. 80 planches gravées, montées sur onglets, demi-rel. chagr. rouge, fil.

56. Los Proverbios. Coleccion de diez y ocho laminas inventadas y grabadas al agua fuerte, por Don Francisco Goya, publicala la R[l] Academia de Nobles Artes de San Fernando. *Madrid*, 1864. In-4, obl. 18 planches montées sur onglet, demi-rel. mar. rouge.

V. LIVRES A FIGURES.

57. Tableaux de la Bonne Compagnie, accompagnés de planches en taille-douce, dessinées et gravées par Moreau le jeune. *Paris*, 1787. 2 part. en 1 vol. pet. in-12, fig. mar. v. fil. tr. dor.

58. Album de 126 planches lithographiées, la plupart coloriées et publiées par Aubert. Réunies en 1 vol. in-4, obl. demi-rel. bas.

H. Monnier. Mœurs administratives. — Grandville. Les Métamorphoses du jour, voyage pour l'éternité. — Facéties de M. Mayeux. — Galeries des Épicuriens, — Les Contrastes. — Genty. Modes de 1830, etc.

59. La Caricature morale, religieuse, littéraire et scènique. Rédacteur en chef, A. Audibert (du 4 novembre 1830 au 25 septembre 1834). 203 numéros en 8 vol. in-4, nombr. figur. lithograph. noires et en couleur, demi-rel. v. blanc.

Fondé par Charles Philipon, il fit avec le crayon, au gouvernement de Juillet, une guerre aussi incisive que celle que lui fit *le Charivari* avec la plume.

60. Journal des Dames et des Modes, 1819-38, fondé par M. la Mésangère. 40 vol. in-8, nombr. gravures en couleurs, demi-rel. bas.

61. Le Follet, courrier des salons, 1833-46. 5 vol. in-4, contenant un millier de gravures de modes, montées sur onglet, demi-rel. mar. r.

62. La Sylphide. Modes françaises sous Louis-Philippe, 1844-48. Recueil d'environ 200 gravu-

res de modes en couleurs, reliées en 1 vol. in-4, demi-rel. v. brun.

63. La Mode illustrée, 1868-71. 8 vol. in-fol. nombreuses gravures en couleurs, demi-rel. chagr. noir, tr. dor.

64. Le Bon Ton, journal de modes, 1854, 2 vol. — La France élégante, 1855, 1 vol. — Moniteur de la Mode, 1 vol. — Journal des Demoiselles. Recueil de gravures de 1858-65, 1 vol. — Moniteur de la Mode, 1863, 1 vol. — Recueil de gravures du Journal des Demoiselles, 1860-70, 1 vol. — Ens. 7 vol. gr. in-8, rel.

65. Collection de Gravures de modes en couleurs. Environ 2,000 gravures en 8 vol. in-4, rel. le reste en feuilles. Extrait des différents journaux de mode.

VI. ARTS INDUSTRIELS.

66. Les Arts somptuaires. Histoire du costume et de l'ameublement, et des arts et industries qui s'y rattachent; introduction et texte par Charles Louandre; dessins de C. Ciappori; impression des planches par Hangard-Mangé. *Paris*, *chez l'auteur*, 1852-1858. 4 vol. gr. in-4, figures, demi-rel. cuir de Russie, tr. supér. dor. n. rogn.

Le premier volume de cet ouvrage contient une introduction générale et l'histoire des maisons et des meubles; le tome II, l'explication des planches et l'index général; les planches tirées en or et en couleur forment 2 autres volumes.

67. Monographie de l'oeuvre de Bernard Palissy, suivie d'un choix de ses continuateurs ou imitateurs, dessinée par MM. Carle Delange et C. Borneman, et accompagnée d'un texte par M. Sauzay et M. H. Delange. *Paris* (*impr. Martinet*), 1862,

in-fol. papier de Hollande, planches, cart. non rogn.

100 planches en chromolith. impr. par Lemercier, ouvrage monté sur onglets.

SCIENCES

---

68. Le Menagier de Paris, traité de morale et d'économie domestique, composé vers 1393 par un bourgeois parisien, publié pour la première fois par la Société des Bibliophiles français. *Paris, Crapelet*, 1846. 2 vol. in-8, mar. rouge, fil. tr. dor. (*Closs.*)

Exemplaire avec le carton des pages 59-60 du tome II. Les plats de la reliure portent l'aigle impérial et sur les titres se trouve un cachet portant ces mots : *De la Bibliothèque du citoyen Napoléon Bonaparte.*

69. Histoire naturelle des singes, peints d'après nature par J.-B. Audebert, membre de la Société d'histoire naturelle de Paris. *A Paris, chez H.-J. Jansen, an VIe de la République françoise.* Gr. in-fol. papier vélin, figures imprimées en couleurs, v. éc. comp. tr. dor.

70. Histoire naturelle des oiseaux d'Afrique, par Francois Levaillant. *A Paris, chez J.-J. Fuchs*, 1789-1808. 6 vol. gr. in-fol. papier vélin, figures coloriées, demi-rel. mar. rouge, dos orné, plats, papier, non rognés.

71. Histoire naturelle des Oiseaux de Paradis et des Rolliers, suivie de celle des Toucans et des Barbus, par François Levaillant. *A Paris, chez Denné et*

Perlet, 1806. 2 vol. gr. in-fol. fig. color. demi-rel. chagr. rouge non rog.

Toutes les figures de cet ouvrage ont été dessinées d'après nature par Barrabaud, peintre, gravées par Perée et Gremilliet et imprimées en couleur par Langlois et Rousset.

72\. R. P. Lesson. Histoire naturelle des Oiseaux-Mouches, gr. in-8, avec 85 planches en couleur. — Histoire naturelle des Colibris, suivie d'un supplément à l'Histoire naturelle des Oiseaux-Mouches, gr. in-8, avec 65 pl. en couleur. — Les Trochilidies, ou les Colibris et les Oiseaux-Mouches, etc., gr. in-8, avec 66 pl. en couleur. — Histoire naturelle des Oiseaux de Paradis et des Épimaques, gr. in-8, avec 40 pl. en couleur. *Paris*, *Arthus Bertrand,* 1829-1835. Ens. 4 vol. gr. in-8, planches en couleur, demi-rel. mar. vert, non rognés.

73\. L.-C. de Carmontelle. Jardin de Monceau, près de Paris, appartenant à Son Altesse Sérénissime Monseigneur le duc de Chartres. *A Paris, chez Delafosse, Née et Masquelier, graveurs*, 1779. In-fol. 18 planches gravées, demi-rel. mar. rouge, doré en tête, non rog. (Les plats de la reliure n'ont pas été recouverts.)

On a relié à la suite de cet ouvrage 18 planches ayant rapport au pavillon et au jardin de Bagatelle.

Dessin à la plume, gravures de Bellanger, figures au trait, décalques et plans, etc.

74\. Les Roses, peintes par P.-J. Redouté, peintre de fleurs, avec le texte par Cl.-Ant. Thory. *A Paris, de l'impr. de Firmin-Didot,* 1817-1824. 3 vol. gr. in-4, nombr. planches en couleurs, demi-rel. bas. bleu. non rogn.

Ouvrage de la plus grande beauté.

75\. Essai sur la Physiognomonie, destiné à faire con[illegible] omme et à le faire aimer, par Jean-[illegible]ter, citoyen de Zurich (traduit en [illegible]me de la Fite, MM. Caillard et Henri

Renfner). *Imprimé à la Haye*, 1781-1803. 4 vol. gr. in-4, nombr. gravures, demi-rel. avec coins, mar. rouge, jans. doré en tête, non rogn. (*E. Raparlier.*)

76. Pluvinel. L'Instruction du Roy en l'exercice de monter à cheval, par messire Antoine de Pluvinel (ouvrage publié après la mort de l'auteur. par René de Menou), le tout enrichi de grandes figures en taille-douce, dessinées et gravées par Crispian de Pas, le jeune. *A Paris, chez Pierre Nivelle*, 1627. In-fol. planches gravées, demi-re. v. gran.

77. Instruction du Roy en l'exercice de monter à cheval, par Antoine de Pluvinel... (ouvrage publié après la mort de l'auteur, par René de Menou), le tout enrichi de grandes figures en taille-douce dessinées et gravées par Crispin de Pas (ouvrage avec la traduction allemande). *Franckfurt-am Main, bey Erasmo Kempffern*, 1628. Pet. in-fol. planches gravées, v. f. fil. tr. dor. (*Reliure anglaise.*)

Les figures qui se trouvent dans cette édition ont été copiées sur celles de Crispin de Pas, par Matthieu Merian, et elles ne sont pas moins belles que les originaux.

78. Marches et évolutions de la cavalerie, représentées en XXXII estampes dessinées et gravées par les plus habiles maîtres, exécutées dans plusieurs campagnes, sous les maréchaux de Coigny, de Saxe, de Belle-Isle, de Soubise, de Contades, etc., développées dans le *Traité de cavalerie* de feu M. le comte de Melfort, lieutenant-général des armées du Roi, auxquelles on a joint XXII figures relatives à la pratique de l'équitation. *A Paris, chez Nyon l'aîné et Firmin-Didot*, *s. d.* Gr. in-fol. max. planches demi-rel. bas.

Très-belles planches gravées par Louvion, Leroy, Macret, Ingouf, Chatelain, Duponchel, Bacquoy, Patas, etc.

79. Manœuvres de cavalerie et d'infanterie. *S. l. n. d.*, in-fol. obl. cart.

Manœuvres de cavalerie, 22 pl., et manœuvres d'infanterie, 37 pl. Épreuves anciennes à toutes marges.

80. L'Art militaire françois pour l'infanterie, contenant l'exercice et le maniement des armes, tant des officiers que des soldats, représenté par des figures en taille-douce, dessinées d'après nature, avec un petit abrégé de l'exercice comme il se fait aujourd'huy. *A Paris, chez Pierre Giffard*, 1696. In-8, 85 planches gravées, v. ant.

81. Exercice de l'infanterie francoise ordonné par le Roy, le VI May M.D.CC.LV., dessiné d'après nature dans toutes ses positions et gravé par S. R. Baudouin, colonel d'infanterie au régiment des Gardes françoises. *S. l.* 1757. In-fol. texte et 63 planches gravées, demi-rel. bas. rouge.

82. Exercice de l'infanterie francoise, dédié à Monseigneur le maréchal duc de Biron, pair de France, colonel des Gardes françoises, copié d'après l'original, in-fol. exécuté et présenté au Roy par M. de Baudouin, colonel d'infanterie. *S. l.*, 1759. In-4, 60 planches gravées par Aug. de Saint-Aubin, cart.

83. Planches gravées d'après plusieurs positions dans lesquels doivent se trouver les soldats conformément à l'ordonnance du Roi, de l'exercice d'infanterie du 1er janvier 1766. Recueil in-4, n. rel. contenant 32 figures gravées par Guil. de la Haye, d'après Gravelot.

BELLES-LETTRES

84. ANACRÉON, SAPHO, BION ET MOSCHUS, traduction nouvelle en prose, suivie de la *Veillée des fêtes de Vénus*, par M. M*** C*** (Moutonnet-Clairfond). *A Paphos, et se trouve à Paris chez Le Boucher*, 1773, in-8, v. éc. fil. tr. dor.

Exemplaire de PREMIER TIRAGE, EN PAPIER DE HOLLANDE, orné de 2 figures-frontispices par Eisen, gravées par Massard et Duclos, 12 vignettes et 13 culs-de-lampe par Eisen, gravées par Massard, avec le poème de *Héro et Léandre* et les *Idylles de Théocrite*.

85. LES OEUVRES DE VIRGILE, traduites en français, le texte vis-à-vis la traduction, ornées de figures en taille-douce avec des remarques, par M. l'abbé Desfontaines. *A Paris, chez Quillau père*, 1743. 4 vol. in-8, pap. fin, portrait et fig. de Cochin, mar. r. dos orné, fil. tr. dor. (*Rel. anc.*)

Très-bel exemplaire.

86. Les Métamorphoses d'Ovide, avec des remarques et des explications historiques, par l'abbé Banier. *Amsterdam, Wetstein*, 1732. In-fol. pap. de Holl. vél. bl. comp. dor.

Texte latin et traduction hollandaise.
Les trois grandes planches imprimées séparément se trouvent dans cet exemplaire, à la page 264.
Cette édition, d'après Brunet, contient les premières épreuves.
Très-bel exemplaire.

87. LES MÉTAMORPHOSES D'OVIDE, en latin et en françois, de la traduction de M. l'abbé Banier, de l'Académie royale des Inscriptions et Belles-Lettres ; avec des explications historiques. *A Paris, chez Delalain et Pissot*, 1767-1771.

4 vol. in-4, figures mar. r. fil. tr. dor. (*Reliure ancienne.*)

141 figures d'Eisen, Lemire, Basan, Gravelot, en très-belles épreuves. EXEMPLAIRE DE PREMIER TIRAGE.

88. LUCRÈCE. De la Nature des choses, traduit par La Grange. *De l'imprimerie de Didot jeune à Paris, chez Bleuet père, l'an II de la République.* 3 vol. gr. in-4, fig. cart. n. rog.

Exemplaire en PAPIER VÉLIN orné des figures de Monnet, gravées par Choffard, Dambrun, Delignon, de Ghendt et Lingée; ÉPREUVES AVANT LA LETTRE.

89. DI TITO LUCREZIO Caro, della Natura delle cose libri sei tradotti da Marchetti. *Amsterdam*, 1754, 2 vol. in-8, pap. de Holl. fig. de Cochin, front. d'Eisen, mar. r. fil. larges dentelles, tr. dor. (*Anc. rel.*)

A la fin du tome Ier se trouve l'adresse gravée de *Louis Douceur*, relieur ordinaire du Roy.

---

90. LES PREMIÈRES OEUVRES POÉTIQUES DU CAPITAINE LASPHRISE. *Paris*, 1597. In-12, mar. r. milieux ornés, dent. tr. dor. (*Petit.*)

Édition originale.

91. Recueil des plus excellens vers satyriques de ce temps, trouvés dans les cabinets des sieurs de Sigognes, Regnier, Motin et autres. *Paris, Ant. Estoc*, 1617. In-12, mar. r. tr. dor. (*Masson-Debonnelle.*)

Premier essai du Cabinet satirique.

92. Le Parnasse satyrique du sieur Théophile. *S. l.*, 1625. Pet. in-8, maroq. br. milieux ornés, tr. dor. (*Lortic.*)

93. CONTES ET NOUVELLES EN VERS de M. de la Fontaine, nouvelle édition, enrichie de tailles-douces. *A Amsterdam, chez Henry Desbordes*, 1685.

2 tomes en 1 vol. in-12, fig. mar. r. jans. dent. int. tr. dor.

Ouvrage recherché pour les eaux-fortes de R. de Hooge dont cette édition est ornée.

Bel exemplaire de PREMIER TIRAGE sous cette date.

94. CONTES ET NOUVELLES en vers de la Fontaine. *Amst.*, 1745. 2 vol. in-8, mar. r. fil. tr. dor. (*Capé.*)

Jolie édition ornée d'un frontispice gravé et de petites figures en tête de chaque conte.

95. CONTES ET NOUVELLES en vers, par M. de la Fontaine. *Amst.*, 1762. 2 vol. in-8, v. f. fil. tr. dor. (*Derome.*)

Bel exemplaire de M. de Lasize.

96. RECUEIL DES MEILLEURS CONTES EN VERS (par la Fontaine, Voltaire, Grécourt, etc.). *Londres, Cazin*, 1778, 4 vol. in-18, v. m. fil. tr. dor. fig.

97. CONTES ET NOUVELLES en vers, par la Fontaine. *Londres*, *Cazin*, 1780. 2 vol. in-18, mar. r. tr. dor. (*Petit.*)

Portrait et figures de Desrais, gravées par Delvaux.

98. CONTES ET NOUVELLES EN VERS, par Jean de la Fontaine. *Paris*, *Didot*, 1795. 2 vol. in-4, demi-rel. mar. citron avec coins, tr. supér. dor. ébarbé.

20 planches de Fragonard dont 10 avant la lettre. On a ajouté 3 portr. de la Fontaine et des figures de Devéria, Hersent et autres, principalement pour le deuxième volume.

99. LA HENRIADE, par Voltaire, nouvelle édition. *Paris*, *veuve Duchesne*, *Saillant*, *Desaint*, *Panckoucke et Nyon*, *libraires* (*imprimerie Barbou*), *s.d.* (1770), 2 vol. in-8, pap. de Holl. mar. r. dos orné, fil. tr. dor. (*Rel. anc.*).

Édition ornée d'un frontispice, titre gravé avec un beau portrait-médaillon de Voltaire, et 10 figures et 10 viguettes, par Eisen, gravées par Longueil.

Le second volume n'a pas de figures; il contient les variantes, les notes, l'essai sur la poésie épique et diverses pièces poétiques de l'auteur.

100. — Même ouvrage, même édition, 2 vol. in-8, fig. et vign. v. éc. fil. tr. marbr.

Bel exemplaire.

101. La Pucelle d'Orléans, poème en 20 chants (par Voltaire). *S. d.*, in-24, mar. r. fil. tr. dor. non rog. (*Petit.*)

Figures pliées.

102. Collection de pièces en vers, par MM. Dorat et de Pezay, ornées d'estampes, de vignettes et de culs-de-lampe en taille-douce, exécutées par les meilleurs graveurs. *A Genève, et se trouve à Paris chez Jorry et Bauche*, 1766. 3 vol. in-8, portrait et figures, v. écail. fil. tr. dor.

Exemplaire en **papier de Hollande** provenant de la vente de Maxime Du Camp faite en 1865.
Les charmantes figures d'Eisen qui ornent ce recueil sont ici en **premières épreuves**.

103. La Peinture, poème en trois chants, par M. Le Mierre. *Paris, chez Le Jay, s. d.* (1769), in-8, fig. mar. rouge, dos orné fil. tr. dor. (*Rel. anc.*)

Exemplaire en **papier de Hollande** et de **premier tirage** (*médaillon de Corneille sur le titre*) orné de 3 figures de Cochin gravées par Prévost, Ponce et Saint-Aubin.
On a relié à la suite de cet ouvrage **Narcisse dans l'île de Vénus**, poème en 4 chants (par Malfilâtre). *Paris, Le Jay* (1769), in-8, pap. de Hollande, titre par Eisen et figures par Gabr. de Saint-Aubin.

104. Les Saisons, poème (par de Saint-Lambert). *Amsterdam*, 1769. In-8, papier de Hollande, fig. mar. rouge, dos orné, large dent. sur les plats, tr. dor. (*Rel. anc.*)

Ouvrage orné de 5 figures par Gravelot et Le Prince, gravées par Delaunay, Prévost, Rousseau, Saint-Aubin et Watelet, un fleuron sur le titre et 4 vignettes par Choffard.
Ce poème est suivi de 3 contes, de poésies fugitives et de fables orientales ; les contes sont ornés de figures de Gravelot.
Bel exemplaire aux armes de **Choiseul-Stainville**.

105. Les Saisons, poème, par Saint-Lambert. *A Paris de l'imprimerie de P. Didot l'aîné, l'an IV de la République*, 1796, in-4, pap. vélin, fig. de

Chaudet, gravées par Morel, mar. rouge, dent. tr. dor. (*Reliure du temps.*)

106. LES BAISERS, précédés du Mois de mai, poème, par Dorat. *La Haye*, 1770. Gr. in-8, fig. et vign. d'Eisen, mar. r. larges dentelles, fil. tr. dor. (*Lortic.*)

Très-bel exemplaire en grand papier de Hollande. Il contient les imitations. Il provient de la bibliothèque de M. Ambr. Firmin-Didot.

107. LES BAISERS, précédés du Mois de mai, poème. *La Haye*, 1770. Gr. in-8, fig. et vign. d'Eisen, mar. rouge, fil. tr. dor. (*Lortic.*)

Exemplaire en grand papier. Il ne contient pas les imitations.

108. Le Tableau de la volupté, ou les Quatre Parties du jour, poème en vers libres, par D. B. (Du Buisson). *Cythère*, 1771. In-8, mar. r. fil. tr. dor. (*Petit.*)

Figures et culs-de-lampe d'Eisen.

109. Œuvres complètes de Gilbert, publiées pour la première fois avec les corrections de l'auteur et les variantes, accompagnées de notes littéraires et historiques. *Paris, Dalibon*, 1823. Gr. in-8, portr. et fig. demi-rel. mar. rouge, jans. tr. sup. dor. non rog.

Exemplaire en GRAND PAPIER VÉLIN FORT NON ROGNÉ rare, contenant les figures de Desenne et Devéria en 2 états, EAUX-FORTES et AVANT LA LETTRE SUR CHINE; on y a joint un portrait de Louis XV, gravé par Rocher; le même dessiné et gravé par Aug. de Saint-Aubin, et celui de Marie Leczinska gravé par Roger.

110. Le Fond du sac, ou Restant des babioles de M. X*** (Félix Nogaret). *A Venise, chez Pantalon Phébus* (*Paris, Cazin*), 1786. 2 tomes en 1 vol. in-18, vignettes, demi-rel. mar. rouge, tête jasp. non rog.

Recueil de petites pièces en vers et en prose orné de jolies vignettes de Duplessis-Bertaux; ces vignettes sont attribuées par le cazinophile Brissart-Binet à Desrais.

111. Œuvres de M. Léonard. *Paris, Prault*, 1787.

2 vol. pet. in-12, mar. r. fil. tr. dor. (*Rel. mod.*)

Exemplaire en papier vélin. Figures de Coiny et autres.

112. Livre d'Amour (par Sainte-Beuve). *Paris*, 1843, gr. in-12, de 108 pp. demi-rel. mar. rouge avec coins, dos orné, fil. tr. sup. dor. non rog. (*Petit.*)

Très-rare, l'édition ayant été détruite par l'auteur.

113. Les Contes Rémois, par le comte de C*** (Chevigné), dessins de Meissonier, troisième édition. *Paris*, *Lévy*, 1858. Gr. in-12, mar. r. fil. dent. tr. dor. (*Petit.*)

Bel exemplaire de la première édition ornée de ces dessins. On a ajouté à cet exemplaire le portrait de Meissonier et la suite des figures publ. par Jouaust.

---

114. Fables choisies, mises en vers par J. de la Fontaine (publ. avec la Vie de l'auteur, par M. de Montenault). *Paris, Desaint et Saillant*, 1755-59. 4 vol. in-fol. figures d'Oudry, v. porph. fil. tr. dor.

Bel exemplaire sur papier moyen de Hollande.

115. Fables de la Fontaine, avec figures gravées par Simon et Coiny. *Paris, Bossange*, 1796. 6 vol. in-12, cart. n. rog. fig.

116. Fables nouvelles, par Dorat. *A la Haye, et se trouve à Paris chez Delalain*, 1773. Gr. in-8, fig. de Marillier, cart. non rog.

Exemplaire sur papier blanc de Hollande.

117. Fables nouvelles, par Dorat. *La Haye, et se trouve à Paris chez Delalain*, 1773. 2 tomes en 1 vol. in-8, mar. r. fil. tr. dor. pap. de Hollande (*Allô.*)

Un titre, un frontispice, vignettes et culs-de-lampe de Marillier. Portrait de Dorat ajouté.

118. CHOIX DE CHANSONS mises en musique, par M. de La Borde, ornées d'estampes par Mo-

reau. *Paris, de Lormel*, 1773, 4 tomes en 2 vol. gr. in-8, v. m. fil. tr. dor. (*Rel. anc.*)

Exemplaire contenant le portrait de La Borde dit *à la lyre*. Il est grand de marges et les épreuves sont belles.

119. Les A-propos de société, ou Chansons de M. L*** (de Laujon). *S. l.* (*Paris*), 1776. 2 vol. in-8, avec musique notée. — Les A-propos de la folie, ou Chansons grotesques, grivoises et annonces de parade. *S. l.* (*Paris*), 1776. In-8, musique notée. Ens. 3 vol. in-8, fig. demi-rel. mar. rouge, tête dor. non rog.

Bel exemplaire, orné de frontispice, vignettes et culs-de-lampe par Moreau.

120. Chants et chansons populaires de la France. *Paris*, *H.-L. Delloye et Garnier*, 1843, 3 vol. gr. in-8, grav. sur acier d'après M. E. de Beaumont, Daubigny, Meissonier, Staal, etc., demi-rel. mar. vert, tr. jasp.

On a ajouté au 1er volume quelques dessins au lavis se rapportant aux chansons.

120 *bis*. — Même ouvrage, même édition. 3 vol. gr. in-8, fig. chagr. vert, tr. dor.

---

121. Roland furieux, poème héroïque de l'Arioste, avec figures, traduction nouvelle par M. le comte de Tressan. *A Paris, chez Laporte, s. d.* 4 vol. in-4, portr. et fig. v. oliv. dent. tr. dor.

Bel exemplaire en grand papier vélin orné de figures de Cochin avec les cadres.

122. Roland furieux, poème héroïque de l'Arioste, traduction nouvelle par M. d'Ussieux. *Paris, Brunet*, 1775-1783. 4 vol. gr. in-8, portr. et nombr. fig. v. jasp. tr. marbr.

Exemplaire contenant la suite des figures de Moreau, Eisen, Boucher, Cochin, Cipriani.

123. La Secchia rapita, poema eroicomico di Alessandro Tassoni. *In Parigi, appresso Lorenzo*

Prault, Pietro Durand, 1766, 2 vol. in-8, pap. de Holl, fig. et culs-de-lampe, mar. r. dos orné, fil. tr. dor. (*Rel. anc.*)

Édition ornée de jolies figures de Gravelot et de vignettes et culs-de-lampe de Marillier, etc.

123 *bis*. Le même ouvrage, même édition. 2 vol. in-8, pap. de Holl. fig. et culs-de-lampe, v. écail. fil. tr. dor.

---

124. Théatre de Pierre Corneille, avec des commentaires par Voltaire, etc. *S. l.* (*Genève*), 1764, 12 vol. in-8. fig. de Gravelot, mar. r. dos orné, fil. tr. dor. (*Rel. anc.*)

125. OEuvres de Racine. *Paris,* 1760. 3 vol. in-4, v. porph. fil. tr. dor.

Bel exemplaire orné du portrait de Racine, par Daullé, et de figures, vignettes et culs-de-lampe, par de Sève.

126. — Même ouvrage, même édition. 3 vol. in-4, v. gran. fil. tr. dor.

127. OEuvres de Molière, avec des remarques grammaticales, des avertissements et des observations sur chaque pièce, par M. Bret. *A Paris, par la compagnie des libraires associés*, 1773. 6 vol. in-8, portr. de Molière par Mignard, gravé par L.-J. Cathelin, fleurons sur les titres et fig. par Moreau, v. éc. fil. tr. dor.

Bon exemplaire; les pages 66, 67 et 80-81 sont doubles.

128. Molière. OEuvres, avec des remarques, des avertissements et des observations sur chaque pièce, par Bret. *Paris, Libraires associés*, 1773. 6 vol. in-8, portr. et fig. de Moreau, mar. r. fil. tr. dor. (*Anc. rel. avec armoiries sur les plats.*)

129. Regnard. Les OEuvres complètes, nouvelle édition, ornée de fig. *Paris, de l'impr. de Monsieur,*

1790. 6 vol. in-8, portr. et fig. de Marillier, mar. r. fil. tr. dor. (*Bradel-Derome.*)

130. CRÉBILLON. OEuvres complètes. *Paris, Libraires associés*, 1785, 3 vol. in-8, mar. bl. dent. doublé de tabis, tr. dor. (*Thouvenin.*)

Figures de Peyron et Marillier, AVANT LA LETTRE.

131. Théâtre des boulevards, ou recueil de parades (par Fagan, Moncrif, Collé, Salle, Piron, etc., publ. par Corbie). *A Mahon* (*Paris*), 1756. 3 vol. in-12, frontispice gravé, demi-rel. avec coins mar. vert, n. rog.

Bel exemplaire relié sur brochure.

132. Les Après-soupers de la société, petit théâtre lyrique et moral sur les aventures du jour. *A Paris, chez l'auteur*, 1782-1783. 5 part. en 1 vol. in-18, fig. mar. r. fil. tr. dor. (*Rel. anc.*)

RECUEIL TRÈS-RARE. l'auteur est Billardon de Sauvigny. Cet ouvrage est orné de jolies figures et culs-de-lampe, par Binet et Eisen.
Le reliure est fatiguée.

133. LES DEUX GENDRES, comédie, par M. Étienne. — Conaxa, et toutes les pièces et caricatures, publiées en 1811 et 1812 pour et contre la question de plagiat de la comédie de Conaxa. 2 vol. in-8. mar. ol. dent. tr. dor. (*Bauzonnet.*)

Ce recueil, le plus complet qui se puisse trouver, contient 31 pièces et 12 caricatures. On y a joint le portrait et une lettre autographe de M. Étienne, signée, ainsi qu'une table manuscrite de toutes les pièces.

---

134. Les Amours pastorales de Daphnis et de Chloé, par Longus, double traduction du grec en françois de M. Amiot et d'un anonyme, mise en parallèle et ornée des estampes originales de fameux B. Audran, gravées aux dépens du feu duc d'Orléans, régent de France, etc. *A Paris, imprimé pour les curieux*, 1757. In-4, pap. fort, texte encadré,

fig. mar. r. dos orné, dent. tr. dor. (*Reliure ancienne.*)

Cette édition contient les figures de l'édition de 1718, retouchées et entourées de très-beaux cadres ornés par Fokke.

135. HEPTAMÉRON FRANÇOIS, nouvelles de Marguerite de Navarre. *Berne*, 1781. 3 vol. in-8, mar. r. fil. tr. dor. (*Anc. rel.*)

Figures de Freudenberg.
La reliure est fatiguée.

136. L'Heptaméron des nouvelles de Marguerite d'Angoulême, reine de Navarre. *Paris*, 1853. 3 vol. pet. in-8, demi-rel. mar. v. n. rog.

Édition des bibliophiles françois. On y a ajouté les figures de Freudenberg.

137. ŒUVRES DE MAITRE FR. RABELAIS, avec des remarques critiques par Le Duchat. *Amst.*, 1741. 3 vol. in-4, tit. gr. fig. mar. r. jans. tr. dor. (*Petit.*)

138. MÉMOIRES DU COMTE DE GRAMMONT, par le ch. Antoine Hamilton, édition ornée de LXXII portraits, gravés d'après les tableaux originaux. *Londres, Edwards*, 1792. In-4, portr. pap. vél. demi-rel. avec coins mar. r. jans. tr. dor.

Belle édition recherchée; cet exemplaire contient la partie de 77 pp. *Notes et éclaircissements.*

139. LES AVENTURES DE TÉLÉMAQUE, par Fénelon. *Paris, de l'imprimerie de Monsieur*, 1785. 2 vol. gr. in-4, pap. vél. figures par Monnet, gravées par Tilliard, maroq. r. dos orné, fil. tr. dor. (*Rel. ancienne.*)

140. LE TEMPLE DE GNIDE, nouvelle édition, avec figures gravées par M. le Mire, d'après les dessins de Ch. Eisen; le texte gravé par Drouet. *Paris, chez Le Mire graveur, avec privilége du roi*, 1772. Gr. in-8, titre gravé frontispice et figures, v. éc. fil. tr. marbr.

TRÈS-BEL EXEMPLAIRE DE FORMAT IN-4, orné d'un titre gravé et d'un frontispice renfermant le portrait de Montesquieu en médaillon, vignette en tête de la dédicace (armoiries d'Angleterre) et 9 belles fig.

141. ROMANS ET CONTES DE M. DE VOLTAIRE. *A Bouillon, aux dépens de la Société typographique*, 1778. 3 vol. in-8, fig. et fleurons, par Monnet et Marillier, etc. demi-rel. chagr. brun.

Exemplaire relié sur brochure, entièrement non rogné.

142. — MÊME OUVRAGE, MÊME ÉDITION. 3 vol. in-8, fig. v. éc. fil. tr. dor.

Bel exemplaire.

143. HISTOIRE DU CHEVALIER DES GRIEUX ET DE MANON LESCAUT (par l'abbé Prévost). *Amsterdam*, 1753. 2 vol. in-12, pap. de Hollande, fig. mar. r. larges dentelles, tr. dor. (*Masson et Debonnelle.*)

144. Histoire de Manon Lescaut et du chevalier Des Grieux, par l'abbé Prevost. *Paris, Leclere*, 1860. 2 vol. in-12, fig. mar. r. fil. tr. dor.

145. Les Bijoux indiscrets (par Diderot). *Au Monomotapa, s. d.* 2 vol. in-12, fig. mar. r. fil. tr. dor. (*Petit.*)

Bel exemplaire.

146. Les Contemporaines, etc., recueillies par N. E. R. D. L. B*** (Restif de la Bretonne). *Impr. à Leipsick, par Buschel*, 1781-1785. 3 séries divisées en 21 parties et formant 42 vol. in-12, fig. de Binet, v. gran. dent. tr. jasp.

Belles épreuves de figures.

147. Galatée, roman pastoral, imité de Cervantes, par M. de Florian, capitaine de dragons et gentilhomme de S. A. S. Mgr le duc de Penthièvre. *A Paris, de l'imprimerie de Didot l'aîné* (*chez De Bure*), 1784. In-8, mar. rouge, dos orné, dent. tr. dor. (*Reliure du temps.*)

Exemplaire en PAPIER VÉLIN.

148. Joseph, par M. Bitaubé, de l'Académie royale des sciences et belles-lettres de Berlin et de Paris. *A Paris, de l'impr. de Didot l'aîné*, 1786, in-8, pap. vélin, portr. par Cochin et figures par Marillier, mar. rouge, dos orné, dent. tr. dor. (*Bradel-Derome.*)

149. Primerose, par M. El. de V. de (Morel de Vindé). *Paris, de l'imprimerie de P. Didot l'aîné*, 1797. In-18, frontispice et figures de Lefèvre, mar. citr. dos orné, dent. doublé de tabis bleu, tr. dor. (*Bozérian.*)

Les figures sont AVANT LA LETTRE. La reliure est défraîchie.

150. Les Jeunes-France, romans goguenards, par Théophile Gautier. *Paris, Eug. Renduel*, 1833. In-8, 2 front. demi-rel. mar. rouge, dos orné, fil. tr. roug.

Première édition, ornée d'un frontispice sur chine, et titre gravé (celui-ci est remonté), par Célestin Nanteuil, et représentant les principaux personnages du livre dans les compartiments, reliés entre eux par des arabesques et des mascarons, et supportés par des sirènes. Cette composition compliquée n'a dû être jointe qu'à un petit nombre d'exemplaires.

151. Les Pantagruéliques, contes du pays rémois, revus sur la copie originale corrigée par J.-V. Irbel (Liber). *Paris, Panckoucke*, 1864. Pet. in-12, pap. de Hollande, demi-rel. avec coins, mar. bleu, dos orné, fil. tr. supér. dor. non rog.

Exemplaire offert par l'auteur à M. Durand de Lançon, Cet ouvrage, tiré à 100 exemplaires, a été supprimé par l'auteur (*Note sur le faux titre*).

---

152. Maranzakiniana. *De l'impr. de Vourst*, 1730, *et se vend chez Coroco, vis à vis des Cordeliers*, in-24, mar. r. fil. tr. dor. (*Kœhler*).

Édition originale, tirée à 50 exemplaires. Grécourt a été le rédacteur de cet opuscule.

---

153. Lettres de Mme de Sévigné, de sa famille et de ses amis, recueillies et annotées par M. Mon-

merqué, nouvelle édition, revue sur les autographes, les copies les plus authentiques et les plus anciennes impressions, etc. *Paris, L. Hachette,* 1862-1866. 14 vol. in-8 et album in-4, demi-rel. mar. bleu, jans. tête dor. non rog.

De la collection des *Grands Ecrivains de la France.*

154. Recueil de pièces en prose les plus agréables de ce temps, composées par divers auteurs. *Jouxte la copie imprimée à Paris, chez Ch. de Sercy*, 1659. In-12, mar. fil. tr. dor. (*Duru.*)

154 *bis*. Œuvres anonymes (par Mme de Montesson). *Paris*, *Didot*, 1782. 5 vol. in-8, v. m. fil. tr. dor. — Mélanges, tome Ier et seul publié. Ens. 6 vol.

Très-rare, tiré à petit nombre. Exemplaire de Pixerécourt.

154 *ter*. Théâtre de Mme de Montesson (Marianne, ou l'Orpheline, comédie, 1772. — La Marquise de Sainville, comédie, 1777. — Robert Sciart, comédie, 1777. — L'Heureux Echange, comédie, 1777). Quatre pièces réunies en 2 vol. in-8, veau marbr.

Ce sont les deux premiers volumes des œuvres anonymes tirées seulement, croit-on, à 12 exemplaires sur papier de Hollande.

Jeanne Béraud de la Haye de Riom, marquise de Montesson, née en 1737, morte en 1806, veuve à 32 ans. Elle se remaria secrètement en 1772 avec le duc d'Orléans, petit-fils du Régent, mais elle redevint veuve en 1785. Elle avait fait établir chez elle un théâtre de société où l'on jouait en partie des pièces faites par elle-même, puis des parades fort gaies de Collé, qui était secrétaire et ami du duc.

155. Œuvres complètes de Saint-Marc, nouvelle édition. *A Paris, de l'impr. de Didot jeune,* 1788, 3 vol. in-8, portr. gravé par Gaucher, front. par Cochin, culs-de-lampe, mar. citron, dos orné, dent. tr. dor.

Superbe exemplaire en papier de Hollande.

156. Œuvres de Salomon Gessner. *A Paris, chez l'auteur des Estampes, la veuve Hérissant et Barrois l'aîné*, *s. d.,* 3 vol. gr. in-4, fig. de Lebarbier,

demi-rel. avec coins, mar. rouge, dos orné, fil. dor. en tête, éb.

Superbes illustrations.

157. ŒUVRES DE SALOMON GESSNER. *A Paris, chez Ant.-Aug. Renouard, an VII*, 1799, 4 vol. in-8, fig. mar. r. dos orn. dent. tr. dor. (*Rel. du temps.*)

Bel exemplaire en papier vélin, illustré des figures de Moreau le jeune.

158. DORAT. Œuvres complètes en vers et en prose. *Paris, Delalain.* 20 vol. pet. in-8, demi-rel. v. f. tr. jasp.

Les Baisers ont la date de 1770; les Fables, 1773.

159. ŒUVRES DE MANCINI NIVERNOIS, publiées par l'auteur. *A Paris, de l'impr. de Didot jeune*, 1796. 8 vol. — Œuvres posthumes du duc de Nivernois, publiées à la suite de son éloge, par N. François (de Neufchâteau). *Paris, Maradan*, 1807. 2 vol. Ens. 10 vol. in-8, portr. mar. r. dos orné, dent. doublé de moire bleue, tr. dor. (*Bradel-Derome.*)

Exemplaire en PAPIER VÉLIN. La reliure est uniforme.

160. ŒUVRES COMPLÈTES DE BERQUIN. *A Paris, chez Ant.-Aug. Renouard, an XI*-1803. 16 vol. in-18, nombr. fig. br.

Bel exemplaire avec les charmantes figures de Borel, Le Barbier, Marillier et Moreau.

161. ŒUVRES COMPLÈTES DE VOLTAIRE (avec des avertissements et des notes, par Condorcet, imprimées aux frais de Beaumarchais, par les soins de M. Decroix). *De l'imprimerie de la Société littéraire typographique (Kehl)*, 1785-1789. 70 vol. in-8, portr. et fig. de Moreau le jeune, v. f. dos orné, fil. tr. dor. — Table analytique et raisonnée des matières, par le C[en] Chantreau. *Paris, Deterville*, 1801. 2 vol. in-8, v. éc. dent. tr. dor, (*Bradel-Derome.*)

Exemplaire en GRAND PAPIER VÉLIN. La table est sur plus petit papier

162. Œuvres de Voltaire avec préfaces, avertissements, notes, etc., par M. Beuchot. *A Paris, chez Lefèvre et Firmin-Didot fr.*, 1834. 70 vol. — Table alphabétique et analytique des matières, par Miger, 2 vol. Ens. 72 vol. in-8, portr. et fig. demi-rel. avec coins, mar. bleu, tr. marbr. (*Bauzonnet-Trautz.*)

Bel exemplaire sur papier cavalier vélin (destiné à faire suite à la collection des classiques français, publiée par Lefèvre).
Avec la seconde suite des figures de Moreau le jeune, ajoutée.
Exemplaire de la bibliothèque de M. Silvestre de Sacy.

HISTOIRE

I. VOYAGES.

163. Tableaux topographiques, pittoresques, physiques, historiques, moraux, politiques, littéraires de la Suisse (par J.-B. de Laborde et B. Zurlauben, avec tables analytiques par F.-A. Quétant). *A Paris, de l'impr. de Clousier,* 1780. Gr. in-fol. contenant les estampes, v. marbr. fil.

Exemplaire de Mme de Mirbel, célèbre peintre en miniature.

164. Voyage pittoresque, ou Description des royaumes de Naples et de Sicile (par J.-Cl. Richard, abbé de Saint-Non). *Paris,* 1781-1786. 4 tomes en 5 vol. gr. in-fol. planch. gravées à l'eau-forte, v. antiq. marbr. fil. tr. dor.

Très-bel exemplaire.
A la page 52 du tome II est placée une planche détachée qui représente des *phallus* antiques, et qui manque dans la plupart des exemplaires, et à la fin de la seconde partie du tome IV se trouvent aussi les planches des médailles des anciennes villes de Sicile.

165. Voyage pittoresque des isles de Sicile, de Malte et de Lipari, etc., par Jean Houel, peintre du Roi. *A Paris, de l'impr. de Monsieur*, 1782. 4 vol. in-fol. demi-rel. bas. tr. jasp.

264 planches au bistre.

165 *bis*. Même ouvrage, même édition, 4 vol. in-fol. v. rac. dent. tr. dor.

166. VOYAGE DANS LA BASSE ET LA HAUTE ÉGYPTE pendant les campagnes du général Bonaparte. *Paris, impr. de P. Didot l'aîné, an X* (1802). 2 vol. gr. in-fol. max. dont un de texte et l'autre de planches, pap. vélin fort, mar. rouge, dos orné, dent. tr. dor. (*Reliure du temps.*)

II. HISTOIRE DE FRANCE.

167. Abrégé de l'Histoire universelle en figures, ou Recueil d'estampes représentant les sujets les plus frappants de l'histoire, tant sacrée que profane, ancienne et moderne, avec les explications historiques qui s'y rapportent, et les portraits en médaille des héros qui ont joué le plus grand grand rôle dans l'histoire, ornés de leurs attributs caractéristiques ; dessinées par Monnet et gravées par Duflos le jeune. *A Paris, chez Duflos le jeune*, 1785. 5 vol. gr. in-8, fig. v. rac. dent. tr. dor.

Bel exemplaire en PAPIER VÉLIN. L'Histoire sacrée contient 108 planches, 3 vol. ; Histoire profane, 2 vol.

168. L'Europe illustre, contenant l'histoire abrégée des souverains, des princes, prélats, ministres, capitaines, magistrats, savants, artistes, et des dames célèbres en Europe depuis le XVe siècle jusqu'à présent, par M. Dreux du Radier, avocat ; ouvrage enrichi de portraits, gravés par les

soins du sieur Odieuvre. *Paris, Odieuvre*, 1755. 6 vol. gr. in-8, titre rouge et noir, pap. de Holl. portr. demi-rel. avec coins, mar. rouge, non rog.

Frontispice par Eisen, et 600 portraits.
Très-bel exemplaire.

169. Même ouvrage. *Paris, Nyon l'aîné*, 1777. 6 vol. in-4, portr. v. éc. fil. tr. dor. (*Reliure du temps.*)

170. Histoire de la maison de Bourbon, par M. Desormeaux. *Paris, de l'Imprimerie royale*, 1772-1788. 5 vol. in-4, frontispice de Boucher, gravé par Saint-Aubin, fleurons et culs-de-lampes par Choffard, vignettes en tête de Moreau, portraits gravés par Miger, v. éc. fil. tr. dor.

Bel exemplaire.

171. LE SACRE DE LOUIS XV, ROY DE FRANCE ET DE NAVARRE, dans l'église de Reims, le dimanche 25 octobre 1722 (rédigé par Danchet). *S. l. n. d.* In-fol. maximo, frontisp. et planches, mar. vert, dos orné (chiffre royal entrelacé et couronné), large dent. sur les plats, tr. dor. (*Padeloup.*)

MAGNIFIQUE EXEMPLAIRE, texte et planches gravées.
Il est recherché pour la beauté des grandes planches, des portraits et des encadrements du texte dont il est orné.
La reliure porte les armes de Louis XV dans le milieu des plats.

172. REPRÉSENTATION DES FÊTES données par la ville de Strasbourg, pour la convalescence du roi (Louis XV), à l'arrivée et pendant le séjour de Sa Majesté en cette ville, inventée, dessinée et dirigée par M. J.-M. Weiss. *Paris, Laurent Aubert* (1744). Gr. in-fol. mar. rouge, dos orné (chiffre royal couronné), dent. fleurdelisée sur les plats et armoiries royales avec l'écusson de Strasbourg répété aux angles des plats, tr. dor. (*Reliure ancienne fatiguée.*)

Bel exemplaire sur papier de Hollande, orné de 11 belles planches pliées et du portrait de Louis XV, par Le Parmentier, Ph. Le Bas, J.-M. Weiss et autres.

Le texte est entièrement écrit et gravé par Le Parmentier.

La reliure est de Pasdeloup. Son adresse se trouve sur la marge du titre.

Exemplaire Ruggieri.

173. Fête publique donnée par la ville de Paris à l'occasion du mariage de Mgr le Dauphin le 13 février 1747 (M le Dauphin avec la princesse Marie-Josèphe, de Saxe). *S. l. n. d.* In-fol. papier de Hollande, planches gravées, mar. rouge, dos orné (chiffre royal couronné), dent. fleurdelisée et armoiries, de la ville de Paris sur les plats, tr. dor. (*Rel. anc.*)

Beau livre orné d'un titre, d'un frontispice et de 7 belles planches exécutées sur les dessins de François Blondel, architecte du Roy; le texte est entièrement gravé.

174. Description des festes données par la ville de Paris à l'occason du mariage de Madame Louise-Élisabeth de France et de don Philippe, infant et grand amiral d'Espagne, les vingt neuvième et trentième août mil sept cent trente-neuf. *A Paris, de l'impr. de P.-C. Le Mercier*, 1749, in-fol. (pap. de Holl.), planches grav. mar. rouge, dent. dos orné, tr. dor. (*Reliure ancienne. Aux armes de la ville de Paris.*)

Ouvrage contenant 13 grandes planches montées sur onglets, gravées par J.-F. Blondel.

La reliure est fatiguée.

175. Sacre et couronnement de Louis XVI, roi de France et de Navarre, à Reims, le 11 juin 1775, précédé de recherches sur le sacre des rois de France depuis Clovis jusqu'à Louis XV, et suivi d'un journal historique de ce qui s'est passé à cette auguste cérémonie, enrichi d'un très grand nombre de figures en taille-douce, gravées par le sieur Patas, avec leurs explications. *Paris, chez Vente et chez Patas*, 1775. In-4, nombr. fig. et plans, mar. rouge, dos fleurdelisé, fil. tr. dor. (*Rel. anc.*)

L'écusson royal qui se trouvait sur les plats et aux angles, a été découpé au canif et enlevé.

176. Révolutions de France et de Brabant, par Camille Desmoulins (28 novembre 1789 — juillet 1791); 86 numéros (8 août 1791 — 12 décembre 1791), 18 numéros (87 à 104), rédigés par Dusaulchoy. En tout 8 vol. in-8, fig. veau m.

Exemplaire parfaitement complet de texte et de figures. Il serait difficile d'en former un semblable, car l'amateur auquel il a appartenu a joint soigneusement à chaque numéro les couvertures du journal; le prospectus se trouve en tête du 1er vol. Enfin, on a ajouté, après le 86e numéro qui est le dernier auquel Desmoulins ait coopéré, une circulaire de 2 pp. in-8, dans laquelle ce journaliste prend congé de ses abonnés. A la suite existe l'engagement pris par Prudhomme de continuer la publication. Les numéros 27, 28 et 29, qui ont été contrefaits, sont bien, dans notre exemplaire, les véritables numéros du journal de Desmoulins.

177. Almanach historique de la Révolution françoise pour l'année 1792, rédigé par M. J.-P. Rabaut. *A Paris, chez Onfroy, de l'imprimerie de Didot l'aîné.* In-16, fig. mar. rouge, dos orné, dent. doublé de tabis, tr. dor. (*Bradel-Derome.*)

Exemplaire en papier vélin orné des figures de Moreau le jeune, épreuves avant la lettre ; les gardes de volume sont doublées en tabis et forment les couleurs tricolores françaises.

178. Collection complète des tableaux historiques de la Révolution française, composée de 112 numéros en 3 volumes. *A Paris, chez Auber, éditeur, de l'imprimerie de Pierre Didot l'aîné, an XIII de la République françoise.* 3 vol. in-fol. planches gravées, v. éc. dent. tr. dor.

3 frontispices de Fragonard fils, et 183 planches. Au bas des gravures vignettes gravées à l'eau-forte, par Duplessis-Bertaux.

179. Les Révélations indiscrètes du xviiie siècle, par le comte de Bernis, Bossuet, Cabanis, Cérutti, Champcenetz, Chénier, Diderot, etc., avec une galerie des portraits, etc., le tout précédé des confessions, etc. (publ. par Auguis). *Paris, chez Guitel,* 1814. In-18, v. bleu, dos orné, comp. tr. marbr. (*Duplessis.*)

Lorsqu'en décembre 1813, après l'impression de ce recueil, l'éditeur, M. Auguis, se disposait à le faire paraître, la publication lui en fut interdite; des réclamations s'étaient élevées contre la mise au jour de cet ouvrage : M. de Fontanes demandait la suppression de divers morceaux en prose et en vers de lui insérés dans ce volume, et les parents de Mme d'Houdetot s'opposaient à ce que l'on laissât subsister dans l'ouvrage le portrait de cette dame par Choderlos de Laclos. L'éditeur fut alors contraint de remplacer par d'autres pièces celles qu'on l'empêchait de publier, et, au moyen de plusieurs substitutions, l'ouvrage parut en 1814 avec les changements ordonnés et une nouvelle table des matières.

Cet exemplaire contient l'ouvrage tel qu'il fut imprimé en 1813 avec les morceaux qui donnèrent lieu aux réclamations et la table s'y rapportant, plus les morceaux qui furent substitués à ceux dont la suppression fut ordonnée et la nouvelle table.

On trouve entre autres morceaux dans ce volume : *Petit traité de l'amour des femmes pour les sots*, par Champceenetz; *Histoire secrète des amours du cardinal de Richelieu avec Marie de Médicis et Mme de Combalet*, 21 *portraits*, d'après Cerutti, Laclos, Mirabeau (*Galerie*); *le Concile de Constance*, conte par Chénier, etc.

Exemplaire en PAPIER VÉLIN, très-rare.

180. HISTOIRE DE FRANCE SOUS L'EMPIRE DE NAPOLÉON LE GRAND, accompagnée d'un précis historique, les fig. gravées par F.-A. David, d'après les desseins de Ch. Monnet. *A Paris, chez l'auteur David, graveur*, 1809-1813. 4 vol. in-4, reliés.

Figures au bistre, épreuve avec la tablette blanche.

Les 3 premiers volumes sont reliés en v. marbr. antiq. fil. et tr. dor.; les 3 derniers volumes sont réunis en 1 vol. cart. non rog.

181. NAPOLÉON ET SES CONTEMPORAINS. Suite de gravures représentant des traits d'héroïsme, de clémence, de générosité, de popularité, avec texte publié par Auguste de Chambure. *A Paris, chez J. Renouard*, 1828. 2 parties en 1 vol. in-4, portr. et fig. demi-rel. avec coins mar. rouge non rog. (*Thouvenin.*)

Bel exemplaire en papier vélin avec la suite des figures de l'édition Devéria en 2 états : EAUX-FORTES et AVANT LA LETTRE sur CHINE.

On a ajouté en tête de l'ouvrage le portrait lithographié de Chambure avec la vignette au bas, de la plus grande rareté, et le DESSIN ORIGINAL au crayon noir, par Singri, qui est admirablement exécuté, et 2 gravures avant lettre chine et blanc d'après H. Vernet, représentant *Chambure assiégé dans Dantzik*. Une gravure anglaise : *Bonaparte franchissant les Alpes*, et enfin une gravure d'après Horace Vernet : *la Veille d'Austerlitz* avant la lettre, servant de frontispice à la 2e partie.

182. Le Charivari, journal fondé par Ch. Philippon, publiant chaque jour un nouveau dessin. 1er décembre 1832 (n° 1) au 31 mars 1834, 5 vol. in-4, demi-rel. v. vert. et 1839 à 1847 (moins l'année 1842), 8 vol. gr. in-4, demi-rel. bas. Ens. 13 vol.

Pamphlet périodique plein de verve et de malice, qui joua contre le gouvernement de Juillet, avec plus d'esprit encore et de gaieté, le même rôle que le Figaro avait joué contre le gouvernement de la Restauration. (*Hatin.*)

183. Revue rétrospective, ou Bibliothèque historique, contenant des mémoires et documents authentiques inédits et originaux pour servir à l'histoire proprement dite, à la biographie, à l'histoire de la littérature et des arts (publiée par J. Taschereau). *Paris*, *Fournier*, 1833-1838. 20 vol. in-8, demi-rel. bas. bleue, dos orné, tr. jasp.

1re série, 5 vol.; 2e série, 12 vol.; et 3e série, 3 vol.

184. Plan Turgot. Plan de Paris, levé et dessiné par Louis Bretez et gravé par Claude Lucas, sous les ordres de Michel-Étienne Turgot. *Paris*, 1740. Gr. in-fol. v. marbr. dos et dent. sur les plats, fleurdelisé, tr. dor. (*Armoiries de la ville de Paris.*)

Plan de Paris en perspective et gravé en 20 planches.

185. Histoire générale de Paris. Collection de documents, fondée par le baron Haussmann, publiée sous les auspices du conseil municipal. *Paris*, *Imprimerie impériale et nationale*, 1866-1874. Ens. 19 vol. in-4, pap. vélin avec planches, cartes, fac-similés, figures noires et en couleurs, cart. non rog.

Introduction, 1 vol.

Paris en 1380. Plans de restitutions par H. Legrand, architecte, 1 vol.

Le Bassin parisien aux âges antéhistoriques, par E. Belgrand, 1 vol. de texte et 2 vol. de planches.

Paris et ses historiens au XIVe et XVe siècles, commentés par Le Roux de Lincy et L.-M. Tisserand, 1 vol.

Topographie historique du vieux Paris. — Région du bourg Saint-Germain, 1 vol. — Région du Louvre et des Tuileries, 2 vol.

Les Armoiries de la ville de Paris, sceaux, emblèmes, couleurs, devises livrées, etc., par le comte A. de Coetlogon, 2 vol.

Les Jetons de l'échevinage parisien, documents pour servir à une histoire métallique du bureau de la ville et de diverses institutions parisiennes, recueillis par feu d'Affry de la Monnoye, 1 vol.

Etienne Marcel, prévost des marchands, 1354-1358, par F.-T. Perrens, 1 vol.

La Première Bibliothèque de la ville de Paris 1760-1797, par Tisserand, 1 vol.

Les Anciennes Bibliothèques de Paris, églises, monastères, collèges, etc., par Alfred Franklin, 3 vol.

Le Cabinet des manuscrits de la Bibliothèque impériale, par Léopold Delisle, 2 vol.

186. Le Palais Mazarin et les habitations de ville et de campagne au XVIIe siècle, par le comte de Laborde (4e lettre sur l'organisation des bibliothèques dans Paris). *Paris, Franck,* 1846-47. 2 parties gr. in-8, avec cinq planches, mar. r. dos orné, fil. dent. int. tr. dor. (*R. Petit.*)

La seconde partie de cet ouvrage a pour titre *Notes*. Cette partie se compose de notes curieuses, elle a été tirée à un nombre limité (150 exemplaires).

187. Les Promenades de Paris. Bois de Boulogne, bois de Vincennes, parcs, squares, boulevards, par A. Alphand, ouvrage orné de gravures sur acier, de chromolithographies et de gravures sur bois. *Paris, J. Rothschild,* 1868. Ouvrage in-fol. en feuilles.

188. Versailles ancien et moderne, par le comte Alexandre de Laborde. *Paris,* 1839. Gr. in-8, fig. mar. r. fil. tr. dor. (*Raparlier.*)

Bel exemplaire.

189. La Touraine. Histoire et monuments, publié sous la direction de M. l'abbé J.-J. Bourassé, illustrations par Carl Girardet et Français. *Tours, A. Mame,* 1856. In-fol. pap. vélin, gr. demi-rel. avec coins mar. rouge, dos orné, fil. tête dor. non rog.

Bel exemplaire contenant 15 planches gravées sur cuivre, 4 chromo, 31 gravures sur bois et 13 portraits également sur bois intercalés dans le texte.

BIOGRAPHIE

190. Biographie universelle ancienne et moderne, nouvelle édition, publiée sous la direction de M. Michaud, revue, corrigée et considérablement augmentée, etc. *Paris, A. Thoisnier et Michaud,* 1843. 45 vol. gr. in-8, texte à 2 col. demi-rel. v. fauv. tête jasp. non rog.

191. Nouvelle Biographie universelle depuis les temps les plus reculés jusqu'à nos jours, publiée par MM. Firmin-Didot frères sous la direction de M. le docteur Hœfer. *Paris, Firmin-Didot fr.*, 1852-1866. 46 vol. in-8, texte à 2 col. demi-rel. v. f. tr. jasp.

Bel exemplaire.

ARCHÉOLOGIE, BIBLIOGRAPHIE

192. Disserlations sur les attributs de Vénus, par M. l'abbé de la Chau (et l'abbé Leblond). *A Paris, de l'impr. de Prault,* 1776. In-4, fig. v. éc. fil. tr. marbr.

Ouvrage orné d'un joli fleuron sur le titre. La planche de la Vénus Anadyomène, d'après le tableau du Titien, gravée par Aug. de Saint-Aubin, est AVANT LA BORDURE et la COQUILLE; 10 médailles dans le texte, 1 planche de 6 médailles et un joli cul-de-lampe qui termine l'ouvrage.
Cassure dans la marge extérieure du titre.

193. Pitture de'vasi antichi posseduti da Sua Ec-

cellenza il sig. Car. Hamilton (avec des explications en italien et en français, par Franc. Fontani et autres). *Florence, Société chalcographique*, 1800-3. 4 vol. gr. in-fol. fig. demi-rel. avec coins, cuir de Russie, fil.

194. Recueil de gravures d'après des vases antiques, la plupart d'un ouvrage grec, trouvés dans des tombeaux dans le royaume des Deux-Siciles, mais principalement dans les environs de Naples l'année 1789 et 1790, tirées du cabinet de M. le chevalier Hamilton et publiées par M. Guillaume Tischbein, directeur de l'Académie royale de peinture à Naples. 1791-1795. 3 tomes en 5 vol. in-fol. (texte anglais et français), pl. gravées au trait, parch. antiq.

195. Description des principales pierres gravées du cabinet de S. A. S. Mgr le duc d'Orléans, premier prince du sang (par les abbés Géraud de la Chau et Gaspard Michel, dit Leblond). *Paris, Pissot (de l'impr. de Monsieur)*, 1780. 2 vol. in-fol. pap. de Holl. fig. cart. non rog.

Très-bel exemplaire, orné d'un beau frontispice de Cochin gravé par F. Aubin, contenant un remarquable portrait en médaillon du duc d'Orléans et 168 planches gravées par le même.

Le dernier cul-de-lampe du 2e vol. se compose de 12 médaillons représentant les princes et princesses de la famille d'Orléans parmi lesquels se trouve celui du duc de Blois, alors âgé de dix ans, devenu l'année suivante duc de Chartres et plus tard Louis-Philippe Ier.

Le premier volume a été rédigé en grande partie par l'abbé Arnaud, et le second par Henri Coquille, mort en 1808, administrateur de la bibliothèque Mazarine.

---

196. Isographie des hommes célèbres, ou Collection de fac-similés de lettres autographes et de signatures, exécutée et imprimée par Th. Delarue lithographe, sous les auspices de MM. Bérard, de Châteaugiron, Duchesne, Trémisot et Berthier. *Paris, Th. Delarue, Truettel et Würtz*, 1843. 4 vol. in-4, demi-rel. v. viol.

Cet ouvrage renferme environ 850 fac-similés, précédés d'une préface des éditeurs et suivis d'une nouvelle table alphabétique en 38 pages (publiée chez Techener), indiquant les prix auxquels ont été portés, dans les ventes publiques, depuis 1820, les autographes ou signatures des personnages dont le nom figure dans l'Isographie.

---

197. Bulletin du Bibliophile, publié par Techener, avec notes et notices bibliographiques, philologiques et littéraires. *Paris, Techener,* 1834 (1re année) à 1879. 45 années en 43 vol. in-8, br.

197 *bis.* — La même collection. *Paris, Techener,* 1834 à 1869. 35 années en 34 vol. br.

198. Dictionnaire des ouvrages anonymes, par Ant.-Alex. Barbier, troisième édition, revue et augmentée, par M. Olivier Barbier, René et Paul Billard, de la Bibliothèque nationale. *Paris, P. Daffis,* 1872-1877. 4 tomes en 8 vol. gr. in-8, cart. non rog.

Exemplaire en grand papier de Hollande.

199. Les Supercheries littéraires dévoilées, par J.-M. Quérard, seconde édition, considérablement augmentée, publiée par MM. Gust. Brunet et Pierre Jannet. *Paris, P. Daffis,* 1869-1871. 3 tomes en 9 vol. gr. in-8, cart. non rog.

Exemplaire en grand papier de Hollande.

200. Manuel du libraire et de l'amateur de livres, par Jacq.-Charles Brunet. *Paris, Firmin-Didot.* 1860-1865. 6 vol. in-8, demi-rel. v. f. tête jasp, non rog.

TABLE DES DIVISIONS

Paris. — Typ. G. Chamerot, 19, rue des Saints-Pères. — 10352.

TABLE DES MATIÈRES

www.ingramcontent.com/pod-product-compliance
Ingram Content Group UK Ltd.
Pitfield, Milton Keynes, MK11 3LW, UK
UKHW020431180726
13839UKWH00003B/1439

9 782329 605173